Lo que (no) sé de las palabras

CÁLAMO
POESÍA

#35#

Angélica Tanarro

Lo que (no) sé de las palabras

dP

CÁLAMO POESÍA
Colección dirigida por
César Augusto Ayuso

© Angélica Tanarro
© Menoscuarto Ediciones, 2024

ISBN: 978-84-19964-17-5
Dep. legal: P-62/2024

Printed in Spain - Impreso en España
Imprime Gráficas Zamart (Palencia)

Edita: Menoscuarto Ediciones, S.L.
        Cardenal Almaraz, 4 - 1.º F
        34005 PALENCIA (España)
        Tfno.: (+34) 979 70 12 50
        correo@menoscuarto.es
        www.menoscuarto.es

Para Carmen Martín Casla, mi madre.
Todo. Siempre.

«No se puede comenzar un poema sin una parcela de error sobre uno mismo y sobre el mundo, sin una brizna de inocencia en las primeras palabras.»

RENÉ CHAR

«Y entonces el poeta debe hablar, debe tomar esta materia incandescente que es la vida cotidiana y convertirla en un maná de oro.»

ALDA MERINI

¿**Está** todo dicho?
Preguntas al brezo y a la escarcha
al espejo y a las horas muertas
al dolor
siempre al dolor...

Mientras tanto las convocas
buceas su caudal
arañas el moho y la costumbre
deseas su más nítido perfil
            para que sigan nombrando lo que importa.

I

«En el espejo se borró tu imagen. No te veía cuando me miraba.»

JOSÉ ÁNGEL VALENTE

Este fulgor de las copas más altas
te detiene

                              –te aísla–

Campana de cristal
donde es posible ser y no ser
al mismo tiempo.

En esta luz
se abrazan la que soñaste
y la que ya nunca serás.

                    –Y tú ¿dónde?–

Mientras
la Sonata a Kreutzer
presta sentido a la respiración.

Es el amarillo que suena en el aire.
Alegría y blandura
para pies resignados
a una huella incandescente.

Alegría o coartada o clavo ardiendo...

Al fin amarillo tregua
instante de luz
armónico latido
en este tren veloz hacia lo incierto.

Asomarse al declinar de las acacias
es su forma de durar.

La mano que sostiene el visillo
levantó varias vidas
aunque apenas recuerde
la risa en el teclado
ni el ángel rubio que pasaba las hojas.

Sonríe
y la música ilumina la calle
donde vivos y muertos la saludan.

No está sola.
Las agujas de piedra
defienden su caudal
y los múltiples paisajes
que se adivinan en sus ojos.

Yo fui la mujer de Lot...

Es difícil apartar la mirada
del fuego
si no puedes dar crédito a tus ojos.

Desperté una mañana
con los pies de granito y
un pájaro negro en mis pupilas.

No era el pasado
sino el presente la piedra dura
que crecía en mis pulmones.

(...)

Mas ¡miradme ahora!
extiendo mis ramas
y a su sombra se cobijan
los sin rumbo...

          ... Mientras vuelo.

Pierde cuidado.
Ese estar y no estar
entre dos nadas es
cordón umbilical
cabo de vela encendido
que se tambalea
en el umbral de tu noche.

I

Allí
donde tú duermes
puedo acercarme al mar sin esperanza.
Frente a ese mar
no tengo antepasados.

II

En la playa sin huellas
—tan al Norte—
voy dejando las mías
                    levemente...
Tu nombre dura
sólo unos instantes.

III

Gritan las gaviotas salvajes
que protegen sus crías...
Grita el trueno...
De belleza y olvido.

(Cementerio vikingo)

Pequeñas pisadas en el jardín polvoriento.
Siempre en fiestas de guardar.

En la casa, las traiciones ajenas
la porcelana china
el pasado envejeciendo.

En nosotros, la mullida ignorancia
la lengua tímida y
los ojos bien abiertos
                               —minúsculos prodigios—

Las mordidas del animal más lento
dejaban
huellas amorosas en los dedos.

Meterme en sus zapatos
y ser una mujer distinta.
Distante y segura.
Ensimismada.

Recitar
con su vestido de novicia
sus versos mejores.

Comprobar
que prematuros viejos verdes cabecean
como si comprendieran.

Descubrir
en sus pupilas
el teatro del mundo
y no sentirme herida.

Vivo de pie sobre tu sonrisa.

El tiempo nos hizo la casa
                          —alrededor—
sin darnos cuenta.

Paredes contra el viento,
alicatado de palabras,
desván de la memoria.

Sólo la naturaleza que imita al arte
da un respiro —decías—
y esa fue la razón
de nuestra habitación con vistas.

Regreso cada día a la casa portátil
donde el lastre ha olvidado
su razón de ser.

Me acuesto cada noche sobre tus cimientos.

(Casa portátil)

La mujer que lloraba en el tren
a dos metros de mí
en el verano de 1995...

Ahora tengo su edad
—el paisaje es mucho más veloz—
y apenas puedo contener
las lágrimas.

Ibas en ese barco
que viste alejarse desde el puerto
¿De qué te reías?
Partías a un exilio de habitaciones ocupadas
en ciudades inmóviles.
Tu luz no bastaría
para la niebla y la distancia.

Has vuelto
–y–
llegan flores por los aniversarios.
Del pequeño buzón se escapan risas.

Entonces te recuerdas.

(Alejandra Pizarnik)

Entro y salgo
de habitaciones ocupadas.

Los nombres me destierran.

Dejar el peso en otras manos
como si fuera una ofrenda
es privilegio de los que nada temen.

Dejar que llegue la noche
como si fuera una noche cualquiera.
Ajustar brazos, piernas,
heridas de murciélago.
Permitir que un sueño ajeno
suavice tu conciencia.
Amar la oscuridad
que sana donde hería.

     Aunque venga la alondra
     y pronuncie tu nombre
     y el sol te devuelva
     la vida desolada.

Imaginar el color de la noche
no es igual que sumergirse en la noche.

Tras la puerta entreabierta
permanece tu aroma
                    —mi última frontera—

Al otro lado
las cosas se mantienen
o mutan
con sus nombres intactos.

Entre ellas y tu sombra
el dolor tiene una pátina
                    —invisible—
que sólo tu percibes.

                    Y es tu piel.

I

Contemplo tu mano
asirse a la baranda
mientras cruzas el puente
de aguas turbulentas.

II

Ahora
en este aquí
tus manos sostienen la vida
aunque no sepan
si habrá una vida
que pueda sostenerlas.

III

Siempre
el mismo hilo.
Misterioso cordón umbilical
que ata lo grande y lo pequeño
a un corazón
vacío de palabras.

He olvidado el nombre de las flores
que respiran de noche
en la quietud de los claustros.

En su secreta armonía
amé tu oscuridad.

Acaricio tus ojos
en el perfil de la piedra.

Su vacío.
Tu silencio.

Soy
la esperanza del náufrago.
Me siento a escuchar
la salmodia gris de las arcadas.

Por si Lázaro resucita
entre las ruinas del templo.

II

«No estoy acostumbrada a la esperanza.»

EMILY DICKINSON

Aquietas las voces del pasado.
Al alba.
Cuando la primera luz distingue lo soñado
de lo por vivir.

«Esperad —les dices—
sólo tengo esta vida.
Vuestras fueron mis manos,
mi aliento entrecortado,
mi mayor esperanza.

Ahora
poseo este espacio
donde tiembla el aire
                        amaga la tormenta
y el agua extraña su propio fluir.»

«¡Esperad!» —reclamas—

... Pero algunas noches llaman a tu puerta.

«**Sólo** el ángel de la guarda»
dice la mujer que duerme sola.

La ve marcharse
manos firmes, frágiles pies sobre los adoquines.
Y piensa: es breve la distancia entre la duda
y la resignación.
Corto el tiempo entre el deseo
y la huida.

No así ella.
La que cuida cada paso de regreso
al refugio.
Donde habitadas sombras, ruidosas
cañerías, espejos arrumbados
y el lujo insospechado
de un balcón con vistas.

Una a una
han cruzado la frontera
violácea bajo los párpados.

Se han sentado así
—las manos sobre el halda—
sin pudor ni desafío.

Saber esperar es su bagaje
no esperar nada, su belleza.

Y
—aunque invisibles—
transportan lluvia a los desiertos.

Las puertas de madera
–cristales biselados–
la pálida luz de las tulipas
sobre el perchero antiguo
y su sombrero.
«Has tardado», me dice su reflejo.
«Nunca te olvido», le contesto.

Un día te detienes
y escuchas esa voz.
Eso era todo.

Descargas el corazón sobre la mesa
y haces un nudo con tus manos.

De ahora en adelante
imaginas
un nido de luz
en un pozo de sombras.

Un niño burlándose de ti
desde una foto antigua.

Ángeles sin nombre
invitados a la mesa del domingo.

Te oí
y a punto estuve
de apoyar la cabeza
en un hombro inexistente.
Sólo era el eco
que sigue vivo en los andamios.

Aquí nada ha cambiado.

Soy la funambulista que teme
a las alturas.
La que traza la línea recta del pinar
por la que acarrear
noche y día
las mismas preguntas.

Soy el nombre que vive en tu memoria
y araña tu desmemoria.

Una mujer sin rostro
cuida su última morada
ajena al bullicio del verano.

Nos ha dejado solos
aunque no hemos concertado una cita.

—¿Estás cómodo aquí?
—*El invierno es silencioso y sin ventanas.*

—Traemos su última carta.
—*La humedad relativa del aire borra sus palabras.*

—¿Quieres volver?
—*Hace tiempo que no escribo sobre el mármol.*

—Los chopos te recuerdan.
—*Yo añoro su verticalidad.*

(Colliure)

Fue nuestra hermana
mayor durante un tiempo.

Tres mujeres en la ceremonia del té.

Amábamos su delicadeza del Este
y ella
nuestros modos del Oeste.

Llenó la casa de luz y crisantemos.
Nos enseñó a amar la extrañeza,
que el miedo se dibuja igual
en cualquier mapa.

Después, nada supimos.
Sólo su nombre
como perlas cayendo en el estanque.

(Pearl S. Buck)

De habitación a habitación
en la casa vacía.

Oigo el renquear de sus pasos
y una frase dicha para sí:
«Tendré que resignarme».

Un leve crujido...
¿De madera, sus huesos?
Respirar sin romper el silencio.

Fuera
el mundo es habitable.
                    Todavía.

Serás para siempre el sol de aquella tarde.

Tu muerte aún lejana
permitía el paseo entre las tumbas...
Sentarnos sobre sus nombres
contemplar el mar entre desconocidos.

Se ha borrado tu rostro de aquel día.

Enfrente azul, blanco de cal
a nuestra espalda.
Los muertos ajenos
el mar nuestro
                    ... Y tu silencio.

Pigalle era casi un susurro,
Lafayette, el lugar donde elegir
un sombrero para el frío y la elegancia.
El muelle nocturno, una aventura
antes de tiempo.

Ignorabas
que el futuro fuera eso
saber escoger un sombrero y unos guantes.
Y no dar tregua al miedo.

(Lecciones de cosas)

Sostener
          una
              palabra

(ala de luz)

en un huracán de sombras.

III

(...) Abre
mi corazón, en él verás el silencio (...)

OLVIDO GARCÍA VALDÉS

A veces sueño con palmeras
las mece una brisa que sale de mis ojos.

Cuido del nido
del mirlo en una mano
y con la otra
deshago telarañas.

Cuidado con los pies
–respira acompasado–
si parpadeas
el cuadro se derrumba...
La tormenta deshace
las señales de un regreso imposible.

(Casilda García Archilla)

Dejó en sus manos la desesperación
como se deja una ofrenda
y le miró a los ojos
esperando –por fin–
reconocerse.

Este silencio que viste las montañas
este instante de luz
¿cómo guardarlos?

A este lado del mundo
las palabras se pudren sobre el mantel
y apenas alcanza la música
de los planetas.

(Bach murió hace más de dos siglos)

Te subiste al tren de la desgracia
y mil lunas reidoras no te harían volver.
Mas si lo hicieras...
Este silencio, este instante de luz...

¿Dónde un acorde para tu bienvenida?

Hay días...
El cuerpo te lleva
como si nadie lo habitara
porque nadie lo habita.

Hace tiempo que no estás
y, aunque te lo preguntas,
no sabes si has de volver
–golondrina o pródiga–
a encajar en tus costillas
en el esqueleto que daba
consistencia a la luz
y al deseo de más luz...

Sería
como asomarte a tus ojos
y saludar a los que pasan.

Crecía y te ahogaba.
Era tormenta seca e inundación
temblor de terremoto
calambre en la mirada
siempre fija hacia adentro...

Quisiste arrancártelo...
Pero ocupaba el lugar del corazón.

La prudencia es argumento insoportable.
Un modo de ignorar
lo prudente de mirar al abismo
cara a cara.
De medirle las fuerzas.
De buscarle un resquicio
–inhabitado–
que dé cobijo
al más constante de tus miedos.

De tocar sus paredes
con las manos de hacer música.

El duelo del pinar es más tenue en invierno.

Templa su funda blanca la mirada
y alivia el escozor del desamparo.

Si fuera posible otro invierno
y la redención de la nieve...
Atravesar la memoria entre algodones.

Que no duelan los pies
ni el calendario...

Como si te fueras desprendiendo poco a poco...
Tus manos desatan los hilos
con paciencia de orfebre.
Araña que desteje
mapas y biografías...
Y tu voz maternal
una herida
                   que aún no sangra.

(Louise Bourgeois)

Eternamente así.
Mis pies que no hacen pie
mis manos sin propósito.

–La quietud es tu ofrenda–

Podría hablarte
de ciudades que no viví
y guardan mis recuerdos,
de las que ya no reconocen
mis pasos
y de las que soñé
en mapas que no existen.

Pero temo que mi voz
despliegue tus alas
                y me dejes.
Amor de cormorán.

De la niebla recuerdo
su misterioso abrazo
el miedo a no reconocerme
a amanecer desnuda

sin idioma.

IV

Tal vez las palabras sean lo único que existe
en el enorme vacío de los siglos
que nos arañan el alma con sus recuerdos.

ALEJANDRA PIZARNIK

Ha llovido toda la tarde.
En el jardín
he enterrado las cartas de los muertos
y he vuelto a rezar.

He rezado por todas las palabras.

Por sus cristales de colores
regresaban
tu pelo negro
tu recién estrenada independencia
el sol en los canales
sus ojos pequeños... que reían.

Se hizo añicos contra el tiempo.

¿Podrían ahora
estas palabras huérfanas
convocar
tu pelo negro
tu recién estrenada independencia
el sol en los canales
y su risa...

Desde tan lejos?

Muy lejos
donde la ceiba y el jacarandá
hicimos juntas
un trecho del camino.

Sostenías
varias veces el peso de tu cuerpo
yo apenas podía con mi carga invisible.

Bajo el sol implacable
envidié tu destino
la seguridad del hormiguero
donde tus hijos obedecen.

Muy lejos
donde la ceiba y el jacarandá
me diste sin saberlo
un instante de sosiego.

Sólo si ella las pronuncia
no son cáscara vacía ni mueren en la lengua.
Sino bálsamo, luz, rara templanza.

Igual que el malabarista
ordena el cosmos con las manos
sus palabras
hacen del caos
un pentagrama de sentido.

Calor para el exilio
y el invierno más largo que se anuncia.

(Madre / Remedios Varo)

Si pudieras arrancártela
sostenerla –siquiera brevemente– en las manos
mirarla al trasluz
interrogarla.

Si pudieras negarla
(des)conocerla
abandonarla (a tu suerte).

O aceptar el vacío
                    que deja
                            cuando pasa.

(Breve tratado sobre la angustia)

Más allá de la verja
el jardín barroco se desmorona.

Sostiene la cascada un hilo de voz
y la sombra anuncia el vuelo de las águilas.

¿Qué quieren de mí?

Los tilos agonizan
fieles a la mano del dibujante.

¿Qué quieren de ti?

Puedo subir hasta el lago
y esperar en la orilla al mensajero.
(Ya no me tienta el abismo de sus aguas turbias).

En sus manos encuentro respuestas
                              donde antes no hubo.

Como exiliada
del orden de las cosas
junto a la fosa común
de los suicidas
me busco
en la niña en carne viva que fui.

Con tu muerte murieron
las palabras.
Vacío
ya no llena el vacío
ni *ausencia*
expresa más tu ausencia.
Dolor
no es la sombra que alarga
la noche
–interminable–.
Silencio no refleja
el eco de tu voz.

Si *aire* contuviese tu aliento
volvería la vida
al diccionario.

Como fluye la sangre de una herida invisible
así crece el silencio bajo los árboles.

Algunas noches echas de menos el peligro
o aventar el miedo al cielo del pasado.

Siembro palabras en las dunas
                    y nada crece
                              salvo el silencio.